南粤清风小丛书

廉洁风度

南粤先贤卷

南粤清风小丛书编委会 编著

南方日报出版社
NANFANG DAILY PRESS
中国·广州

图书在版编目（CIP）数据

廉洁风度 ： 南粤先贤卷 / 南粤清风小丛书编委会编著. -- 广州 ： 南方日报出版社, 2025.5. -- (南粤清风小丛书). -- ISBN 978-7-5491-2944-7

Ⅰ. K820.865

中国国家版本馆CIP数据核字第2024Y435C6号

LIANJIE FENGDU

廉洁风度：南粤先贤卷

编　　著：南粤清风小丛书编委会
出版发行：南方口报出版社
地　　址：广州市广州大道中 289 号
出 版 人：周山丹
策划统筹：阮清钰
责任编辑：巫殷昕
装帧设计：肖晓文
责任校对：阮昌汉　符文达
责任技编：王　兰
经　　销：全国新华书店
印　　刷：广州市岭美文化科技有限公司
成品尺寸：120mm×200mm
印　　张：3
字　　数：48 千字
版　　次：2025 年 5 月第 1 版
印　　次：2025 年 5 月第 1 次印刷
定　　价：16.00 元

投稿热线：（020）87360640　读者热线：（020）87363865

◆ 总序 ◆

天地有正气　南粤拂清风

加强新时代廉洁文化建设是打赢反腐败斗争攻坚战持久战，一体推进“三不腐”的基础工程。2024年年初在广州召开的十三届省纪委三次全会，提出要推动新时代廉洁文化建设出新出彩，建设清廉广东。

习近平总书记指出：“研究我国反腐倡廉历史，了解我国古代廉政文化，考察我国历史上反腐倡廉的成败得失，可以给人以深刻启迪，有利于我们运用历史智慧推进反腐倡廉建设。”新时代廉洁文化建设，清廉广东建设，需要汲取中华优秀传统文化中的廉洁思想营养，尤其是古代廉政文化。

以广东为发祥地和中心地的岭南文化，是中华优秀传统文化的重要组成部分，蕴藏着丰富多彩的廉洁文化基因，培育了一大批生长于斯、尚廉行洁的优秀先贤廉士，其中有持身养正的廉官，也有一心为民的公仆；有勤政务实的能吏，也有谨严治事的严官；有正大刚方的直臣，也有世传清白的家族，等等。

近年来，我社与广东省纪委监委、省委宣传部、省文明办等共同编撰出版了《南粤清风——广东古代清官故事》《廉润南粤》《勤廉风范》以及“岭南好风尚”丛书、“我们的价值观十二讲丛书”等一批倡廉文化图书，涵养新时代共产党人的从政品德和良好家风。

基于上述图书编写经验积累和创新表达探索，我们策划了这套“南粤清风小丛书”，其宗旨与前述作品始终一以贯之，即在于挖掘南粤大地的廉洁文化基因，并加以创造性转化和创新性发展，为清廉广东建设提供助力。

“南粤清风小丛书”一套5种，分别为《廉洁风土：山川胜迹卷》《廉洁风物：物华特产卷》《廉洁风规：家训官箴卷》《廉洁风雅：诗词歌赋卷》《廉洁风度：南粤先贤卷》，旨在通过与廉洁文化相关的地理、物产、训箴、诗歌、先贤故事等展现南粤大地源远流长、丰富绚烂的廉洁文化，打造新时期廉洁文化普及性便携读本。

顾名思义，本套丛书的题眼是“风”。这“风”的意象来自《论语》中的“君子之德风”，风行草必偃。正所谓天地有正气，南粤拂清风。我们冀望廉洁文化的清风吹拂岭南大地，俾使广大党员干部厚植廉洁风土，滋养廉洁风物，秉持廉洁风规，浸润廉洁风雅，涵养廉洁风度，推动培植岭南政治生态的青山绿水。

总而言之，本套丛书主要有三个特点：

首先，立足于“粤”，注重地方性与普遍性的相融。丛书案例的第一标准即是凸显广东特色。这里所选的清官廉吏、地理特产、训箴诗词等，都与广东密切相关，将其辑录成册，可作为全省各地市的地方文化读物，进学校、进祠堂、进书院、进新时代文明实践中心等。同时又不拘泥于必须发生于粤地或必定是粤人，而是延展其普遍性和经典性原则，如《陋室铭》《爱莲说》等诗文并不创作于广东，但因其作者与广东的密切关系，且对广东有着深厚的影响，我们也将其纳入《廉洁风雅》中加以赏析。

其次，主题在“清”，兼顾教育性与趣味性的结合。本丛书侧重点就是清风、廉洁，梳理广东近代以前的清官英贤以及近现代革命英烈等，题材严肃庄重，其编写必须甄别真实性，注重教育意义和现实影响。但与此同时，我们力避其枯燥性和说教味，在编写中通过不同的题材组装和编辑手段，从地理、风物、训箴、诗词、人物等不同面向来包装和讲述，不断增强亲和力、吸引力、感染力，使其具有不一样的阅读感和贴近性。

最后，形式落“小”，达到故事性与知识性的统一。丛书不求厚重、不求详尽，而是注重小而美，小而易读，小而有趣，小而有知，内容轻松易读，形式典雅便携。5种图书虽从不同面向进行架构，但其讲述形式则是一致的，也就是以讲故事的方式进行，讲好广东的清官故事，增强其可读性，融入知识性。书中通过相关栏目设置链接了不少文化、历史、地理、科普常识等，使之内容具有更为丰富的表达，以此达到润心化人的作用。

“以铜为镜，可以正衣冠；以古为镜，可以知兴替；以人为镜，可以明得失。”本书既可供广大党员干部作为廉洁从政、修身立德的党政文化读物，也可作为广大青少年了解乡土、学习先贤的特色地方读本。

本丛书的编写和出版得到了省委宣传部、驻省委宣传部纪检监察组的指导和支持，被列入2024年省直宣传系统加强新时代廉洁文化建设工作任务清单的“主题图书出版”项目，在此致以衷心的感谢！

本书编委会

2024年12月

目录

壹　古贤风范

贰　近代风烈

叁　红廉风采

壹

古贤风范

冼夫人：
反腐倡廉的巾帼英雄

人物小传

冼夫人（约512或525—约602或604），名阿莫，高凉（今阳江市西）人，南北朝时期政治家、军事家、社会活动家，广东雷州半岛、粤西地区俚族（壮族先民分支）首领。历经梁、陈、隋三朝。《隋书》《北史》《资治通鉴》均为她立传。

廉洁故事

身事三主，坚守本心维护国家统一，先后被七朝君王敕封；足智多谋，治理岭南立下功勋件件；老而弥坚，岁至高龄仍能威震南疆，去世后被追谥为“诚敬夫人”。跨越千年岁月，“谯国夫人”冼夫人的巾帼之姿，仿佛就在眼前。岭南百姓尊奉她为“岭南圣母”，周恩来总理称她为“中国巾帼英雄第一人”。

冼夫人少时贤明，虽然贵为地位显赫的首领千金，却不爱穿金戴银，衣着素朴，且爱民亲民，总把人民疾苦放在心上。为促进汉越民族团结和文化融合，冼夫人与当时的高凉太守冯宝结为夫妻，成为俚汉融合的典范。婚后，夫妇二人还在岭表一带积极推行仁政。而对于兄长倚仗权势为非作歹的恶劣行径，她也绝不徇私，秉公持正，反复劝兄长从善，最终平息各郡怨气，还给百姓一片稳定安宁的净土。

在大是大非面前，冼夫人始终保持国大于家、民大于己的坚定立场，不为威逼利诱所屈，也不做偏私之事。南朝陈太建元年（569），冼夫人面对广州刺史欧阳纥挟持其子冯仆，欲以此逼迫她协同作乱时，严词拒绝：“我为忠贞，经今两代，不能惜汝（冯仆），辄负国家。”随后与各部落、陈军合力平叛。冼夫人始终将百姓福祉放在首位，竭力为民谋定。她不仅多次渡海，镇抚海南，还与地方分裂割据势力不懈斗争，怀集百越，保境安民。

“老骥伏枥，志在千里。”年事已高的冼夫人没有选择安度晚年，而是站在为百姓惩治贪暴的第一线。隋仁寿元年（601），番州（今广东广州）总管赵讷贪污暴政，对当地俚僚百姓极尽横征暴敛之能事，搅得社会不安。此时冼夫人挺身而出，收集证据，写成奏疏，禀报朝廷，并派遣专人前往首都历数赵讷罪状，向朝廷建言献策，终使赵讷伏法。同时，她还受诏巡遍岭南十余州“招慰亡叛”，保得江山社稷国泰民安。

冼夫人有句广为人知的名言：“我事三代主，唯用一好心。”她在朝代更替的岁月中，怀揣着一颗清廉忠贞的“好心”，力拒割据、维护统一，惩贪除暴、护国安民，为南粤各族人民立下汗马功劳。现今每逢农历十一月廿四，茂名、湛江等地就会举办醒狮表演、粤剧演出等，以此纪念冼夫人这位巾帼英雄。

人物品评

谯国夫人者，高凉冼氏之女也。世为南越首领，跨据山洞，部落十余万家。夫人幼贤明，多筹略，在父母家，抚循部众，能行军用师，压服诸越。

——《隋书》

冯冼古烈妇，翁媪国于兹。策勋梁武后，开府隋文时。三世更险易，一心无磷缁。锦伞平积乱，犀渠破余疑。

——（北宋）苏轼

夫人功盖世，史册示来兹。岭海蛮荒地，奸雄草窃时。寸丹诚可表，精白信难缁。守土传三代，中朝孰见疑。

——（明）王宾

高州冼太庙广场上的冼夫人铜像

张九龄：
风度千古的诗人宰相

◆ 人物小传 ◆

张九龄（673或678—740），一名博物，字子寿，韶州曲江（今韶关市西南）人。武周长安二年（702）登进士第，历任校书郎、右拾遗、左补阙、中书舍人、秘书少监、集贤院学士等官职。开元二十一年（733）以中书侍郎拜相。著有《曲江集》20卷。

◆ 廉洁故事 ◆

提到“草木有本心，何求美人折”，鲜有人知道其出自张九龄的《感遇·其一》。咏物以自况，他的一生也如此诗所描绘的春兰秋桂般高洁。作为岭南地区第一位经由科举登临相位、唐代及之前官职最高且影响最大的粤籍历史人物，张九龄诗文雅正，是唐玄宗心目中的“文场之元帅”；为相忠贤，是史家公认的“开元贤臣”，有着“自古南天第一人”的旷世美誉。“风度得如九龄否”更是一度成为唐玄宗选拔官员之标杆，定格下张九龄“曲江风度”的历史形象。

张九龄为官数十载，清廉自守，不盲目唯上，不趋炎附势，也不徇私阿党。唐玄宗即位未行“郊祀”，才蒙圣恩的他直陈其不符旧礼；首席宰相中书令姚崇因徇私情致使用人不当，素来量才平允的他上书劝谏；李林甫与武惠妃暗地欲以利拉拢，刚正廉洁的他严词怒斥。不论何时，只要朝廷中出现不正之风，张九龄便会倾力拨乱反正，官至宰相也依旧“遇事无细大皆力争”。《资治通鉴》中以“尚直”一词概括其政治表现。

“致天下之治者在人才。”在官员录用上，选贤举能是张九龄坚定不移的出发点，认为应视德才为首位。在四次吏部品评应举者的考核工作中，他唯才取实，任之必专，从不以个人资历功勋为标准，不以个人亲疏喜恶为依据，不以个人背景名望为衡量。

居庙堂之高时，张九龄犯颜敢谏、公私分明；而处江湖之远时，他则尽心竭力为百姓谋福祉。开元四年（716），张九龄在返乡途中发现连通岭南与中原的古道崎岖难行，以至于梅关一带“人苦峻极”。于是，他立即向朝廷献状，请开大庾岭路，并以左拾遗内供奉的身份指挥施工，凡事亲力亲为、不辞劳苦，筑路工程不到两年便宣告竣工。这条古代的“京广线”连接南北，造福沿途百姓，泽被后世一千余年。

千年岁月转瞬即逝，而“九龄风度”却仍然在历史长河中熠熠生辉。如今，人们将“九龄风度”重新定义为“以民为本，德望为先，才杰廉明，尚

韶关张九龄纪念公园

直宽和”，为其注入了新的时代内涵，鼓舞着一代又一代的后辈学习张九龄清正尚直的品德与事迹。

人物品评

唐开元之末，大臣守正不回者，惟张九龄一人。

——（北宋）苏轼

当年唐室无双士，自古南天第一人。

——（明）王夫之

岭海千年第一人，一时功业迥无伦。
江南入相从公始，衮衮诸贤继后尘。

——（明）丘濬

余靖：
“风采动朝端”的北宋谏官

人物小传

余靖（1000—1064），本名希古，字安道，号武溪，韶州曲江（今韶关市）人。北宋天圣二年（1024）进士及第，历任集贤校理、右正言、桂州知州、集贤院学士、广西体量安抚使等官职，并以尚书左丞知广州，官至工部尚书。著有《武溪集》20卷。

廉洁故事

“襄公余靖堪敬仰，治国安邦一栋梁，从政数十载，宦海展奇才，感人事迹传万代……”这首坊间流传的民歌《名谏风采永流芳》，唱出了后人对北宋名臣余靖的钦佩与缅怀。他一生为国家竭智尽忠，建策匡时，抚民治吏，三使契丹，两平寇乱，与范仲淹、欧阳修、尹洙被尊为北宋“四贤”，与欧阳修、王素、蔡襄被称为“四谏”，是继唐代张九龄之后岭南地区又一位历史文化名人，被后人称为“异代九龄”。

余靖专司谏职之后，在庆历新政期间写了大量奏折，存世有五十多篇。这些文章不仅针砭时弊、切中要害，更为朝廷出谋划策，如宽租赋、厚农桑、节国用、防盗寇等，涉及“备灾之术”“安民之术”“经国之要”“救患之方”等施政方略。与此同时，他坚持与不良风气做斗争，对于一些碌碌无为、不循正道、营私舞弊的庸官、贪官，他毫不留情地予以抨击和揭露，对于辅佐朝廷整顿纲纪、扭转仁宗朝吏治的颓败局势，起到了重要的作用。

“廉洁”二字贯穿余靖一生，所经各地，每逢上任、卸任，一律轻车简从，他严令下属官员不许泄露行踪，不得迎送，并谢绝一切馈赠，始终做到两袖清风。1061年，余靖以尚书左丞知广州，针对当时广州因战事满目疮痍、道路毁坏、盐场和金银铜铅场管理混乱、市舶司官吏贪赃枉法等情况，向朝廷呈《减免流民田赋徭役》《减番舶装船税》等奏章，以复苏经济、振兴外贸，并获得了批准。

他在粤为官清廉，深受百姓爱戴。下属官吏送来端砚、图章，他都掏钱买下；将朝廷的赏钱赏银全部送军资库作公用；提倡轻车简从，破除官场中迎来送往、铺张浪费的恶习；在任满还朝之际，还留下了“不载南海一物”的佳话，当时广州有许多土特产和舶来品，但余靖离粤赴京时却没带广州一物。欧阳修赞他“功高赏薄”。

从政四十年间，余靖从自身仕宦经历与心得出发，总结出“清、公、勤、明、和、慎”等《从政六箴》，以此作为立身原则和自觉要求。《从政六

韶关风采楼前的余靖雕像

箴》集中体现了余靖清廉守正、抱公绝私、勤恳尽责、明辨是非、推崇俭朴、谨言慎行等精神品质，历经千年依然字字如金，令人深思。

人物品评

好竭谋猷居帝右，直须风采动朝端。

——（北宋）蔡襄

左右献纳，奸谀屏息。庆历之治，实多补益。逢时有事，奔走南北。功书史官，名在夷狄。

——（北宋）欧阳修

风采第一，广南定乱，经略无双。

——（北宋）宋仁宗赵祯

王天性：清风劲节的潮郡邑贤

人物小传

王天性（1525—1609），字则衷，号槐轩，晚年别号半憨，广东揭阳县蓬洲都（今属汕头市龙湖区）人。明嘉靖三十一年（1552）举人，历任盱眙教谕、丰城县令、上高县令、南昌府通判。编著有第一部《澄海县志》，还有《半憨集》存世。

廉洁故事

在汕头市林厝村，有一位家喻户晓的明代清官——王天性。王天性才思聪颖，少年时写得一手好诗文，平素潜心文献，年近古稀时用五个月编撰了第一部《澄海县志》。他性情豪爽，一生清廉为民，做过利民之事无数，深受百姓爱戴，廉政事迹广为流传。后人称赞他“宦绩饮誉南昌府，高风亮节千古扬”。

王天性先后在安徽、江西为官，任职期间，“适承量田，革祛宿弊，奸宄敛迹”。他不仅帮农民解除了不合理负担，更立誓推行廉政，严厉告诫其他官员不得贪赃枉法。在开展“锄奸剔蠹”，大力清理积案的同时，王天性还自编了一首歌谣：“官要钱，死他乡，吏欲钱，男为盗，女为娼……”并让巡夜更夫摇铃反复传唱，震慑了地方权贵，营造了崇廉尚廉的坊间风气。

“思无邪与其进也，蒙不洁趋而避之。”在拉帮结派、私相勾结的官场斗争中，王天性难免因为清正廉洁、刚直豪爽的品性被贪官奸臣所嫉妒厌恶，而他从不将这些尔虞我诈放在眼里，只一心一意为国为民。当时权倾朝野的奸臣严嵩党羽曾多次以高官厚禄为条件拉拢他，他却不为所动，始终坚守自己的原则和本分，宁遭排挤、贬谪也绝不为利益低头。

王天性家境贫寒，落职归乡后日子过得更为窘迫拮据，可面对他人拜谒当权的劝告时，他毅然决然地拒绝：“吾佩印绶，当为民谋，安忍以权谋私？”“身膺民社，当竭忠以报，岂可营营逐利？”不仅如此，他还一再告诫为官的子孙不能有贪婪之举。得知儿子在福建为官搜刮民脂民膏，王天性一怒之下命家人将儿子捆绑沉江，村里父老乡亲们纷纷劝说才免其一死，但命令儿子将金银全数献出，修筑江堤，其间还要求儿子挑土抬石建堤，以示惩罚。

“富而好施，人犹难，况清贫耶？！”王天性虽家贫而不贪富，既律己又正人，为民减轻负担、整肃贪风、修筑堤防，在古代廉吏史上留下了浓墨重彩的一笔。“廉者得民心”，当地百姓感其恩德，自发筹资建设王天性纪念馆，使其清

王天性纪念馆

官事迹代有人闻，以王天性反腐倡廉的警言和训导启迪今人。

人物品评

（王天性乡人）所居傍大河，多水患，田园汙邪，赋视他地倍重，天性请于官得减，更请筑堤，竭力倡其事，堤成赖之。乡人议曰：“富而好施，人犹难，况清贫耶？！”乃立怀德祠于天后祠左，岁春秋祭以报。

——清乾隆二十九年《澄海县志》

谢正蒙：
“清廉天下冠”之贤臣

人物小传

谢正蒙（1562—1631），字中吉，号子圣，广东惠来人。明万历八年（1580）为邑庠生，万历十六年（1588）戊子举人。历任广西桂林府灵川县知县、湖广安乡县知县、监察御史、河南布政司左参议兼按察佥事等官职。著有《柏台疏草》四卷及诗文集，现存有奏疏19篇，载于《潮州耆旧集》。

廉洁故事

幼年家贫好学，深谙民间疾苦，为官后清正公廉，悯恤黎民百姓，谢正蒙自始至终保持着眷眷爱民情、殷殷为国心。在任时“行取卓异”，政绩卓越，备受民众爱戴，皇帝赐匾“清廉天下冠”。

谢正蒙性情刚直，不畏权贵，督理两淮盐政，兼管南京、山东、江北总运漕粮期间，他积极向朝廷陈述政见利弊。当时福王朱常洵为一己私利，违规要求兵部拨船从扬州支取官盐到京城进行官盐私售。谢正蒙获悉并核实此事后，当即奏上《藩使支盐疏》抗阻，义正词严地斥责其“多取无厌，鬼神所忌”。不久，福王又假称采购土特产，强买私盐满载。谢正蒙得到密报，当即派员勘查，并亲自率军围捕。此一“刚直不阿督办盐务”，劾亲王、批逆鳞之事广为赞扬，千古流芳。

谢正蒙以廉正人、实干笃行，他常说：“为官要以清廉为本，为百姓谋利。”在任期间，他不仅废除了当地商人奉送新官贺仪千金的陋规，并请求朝廷减轻赋税，体恤商人，还分别从官员自身、制度规章等方面提出三条措施：第一，必须从内官、朝廷要臣着手，正官邪，挽颓风；第二，官员自身要坚持清廉为官、以身作则，才能管教下属廉洁奉公；第三，从制度上约束官员，惩治结党营私的官吏，严格查验手续和库官考核，禁止守门衙役克扣，以此约束惩戒官员贪欲妄念，整顿吏治。出巡淮河时，见范公堤崩塌以致河水淹没田舍、盐场，他果断带头捐献薪俸，修筑河堤，而后又引淡消咸，变荒滩地为良田。

谢正蒙最令后世钦佩的是其清廉刚正的道德品质。直到他优游林下期间，自己并没有什么田地，也没有像样的宅子，只留下19篇奏疏。其逝世下葬的殉葬品只有一支发簪和一副笔砚。

“嗟叹粤民俱生覆载，独罹重伤奈之何。”这一谏词中饱含着谢正蒙作为官员的爱民之心。他竭尽一生体察民情，顾恤百姓，做下无数实事，造福一方。在他的励精图治之下，当地吏政清明，社会安定。江淮人民感其功德，在扬州为其塑像造生祠，与范文正公一同受后世祭祀，祠堂题匾“二贤祠”。

谢正蒙雕像

人物品评

御史由擢台谏，巡按直隶，监榷进扬，乃能汇色言朝，劾税所、参银台，请罢采珠，请免滥征，堪称“隆万之世的言”。

——（清）冯奉初辑《潮州耆旧集·谢御史集》

篮仕任湖广安乡县，厘奸剔弊，政举卓异。抵京赐晏清廉为天下冠。考授监察御史，奏陈时弊，不避权贵。巡按直隶，督理两淮盐政。旧商人有陋规千金，蒙概痛革，恤商裕课。巡方所至，见范公堤倾圮，田庐场灶没为波涛，蒙捐俸修筑，斥卤咸成沃壤。淮民德之，肖像与范文正并祀，题其额曰二贤祠。

——清雍正九年《惠来县志》

宋湘：
清名远播的客家才子

人物小传

宋湘（1756—1826），字焕襄，号芷湾，广东嘉应（今梅州市）人。清嘉庆四年（1799）进士，历任翰林院庶吉士、编修，惠州丰湖书院、广州粤秀书院院长，文渊阁校理，咸安宫官学总裁，国史馆、文颖馆总纂，云南曲靖、广南、顺宁、永昌知府，迤西道员，迤南道员，云南盐法道员，湖北督粮道员等职。著有《红杏山房诗钞》等，今人辑为《红杏山房集》。

廉洁故事

宋湘，出身于岭南地区，是一位在粤滇两地清名远播的"岭南第一才子"。寒门出身让他养成了艰苦朴素、勤俭节约的品性，始终保持“要与民间验辛苦”的初心。任京官九年、治滇十三年，他积极用世、一心奉公、勤政亲民，被誉为“清廉太守”，是“梅州八贤”之一。

“回首十年香案直，退朝满袖只炉烟。”宋湘用这十四字概括了自己清贫正直的京官生涯。清廷每三年举行一次对京官品德和行为的考查，被称为“京察”，涉及个人操守、政绩、才能和健康情况等方面，并将依据结果分别给予京官“称职、勤职、供职”三个等级的评价。而宋湘共计参加过三次京察，每次均被评为一等，清官操守由此可见。

而在云南长达十三年的任职经历，更是宋湘勤廉为民的有力佐证。曲靖闹洪涝，他立即组织补城治水的救灾工作；潇湘河道暴雨成灾，他采取疏浚、排缺、滞洪等治理方法，使沿河州县的大面积农田摆脱洪水威胁；马龙州地贫民苦，他带头捐薪购买棉籽，并筹资购买纺车500台无偿分发，教会当地乡民种棉花以谋生；广南用水困难，他捐款俸禄，亲自勘测水源，引东西两塘的水至城内供百姓饮用；大理饥荒瘟疫并行，他捐俸买药，抚恤百姓组织自救……其在滇为官之治绩，当地百姓莫不感恩戴德。

“常怀民间苦，此心天地鉴。”宋湘从不计较个人得失，一心为民众谋福利，不仅捐俸禄、抗灾害、寻富路，还绿荒山、除恶徒、兴文教。他力行为民之举，除了基本生活开支外，其余收入几乎全部用于发展当地的民生事业。甚至离世后，他留下的遗物也仅书籍数箧、佩刀一柄、画像一幅，外加《红杏山房诗钞》木刻版数百块而已。

清贫一生，流芳百世。至今，宋湘故居的"太史第"金匾及屋内"解元""进士"两块红底金字牌匾，仍然在彰显着这位客家才子的文士品格和政治功绩。宋湘勤政爱民、追求学术文教的贤吏事

宋湘雕像

迹，廉洁淡泊、克己奉公的高尚精神也始终在激励着后人。

人物品评

先生以太白东坡之胸次，运少陵昌黎之气魄，豪情逸思，横绝一代。

——（清）黄香铁

其后岭南以诗名家者，有嘉应宋湘，字焕襄。嘉庆四年进士。以编修典试四川、贵州，出知曲靖府。教属地种木棉，人称“宋公布”。署广南、永昌，皆有绩。永昌湾甸土州知州死，远族景在东谋袭其职，据境专杀自恣，如是者五六年。当事怯，莫敢发。民、夷赴愬，湘请诸镇帅，不允；乃率僚属游宴栖贤山，从容赋诗，密约乡兵乘夜兼行，出不意，擒在东斩之，费银八千两，不取偿公家，边隅以靖。终湖北督粮道。诗学少陵，有不易居集。

——《清史稿》

历官皆著治绩，而奖掖后进，成就尤多，至今士林传其遗事，以为美谈。

——《云南通志》

贰

近代风烈

骆秉章：
举廉惩贪的晚清名臣

人物小传

骆秉章（1793—1867），原名俊，后改名秉章，字籲门，号儒斋，广东花县（今广州市花都区）人。清道光十二年（1832）进士，历任翰林院庶吉士、侍讲学士、御史、湖北按察使、湖南巡抚、四川总督、协办大学士等官职。著有《骆文忠公奏稿》《骆秉章自撰年谱》等。

廉洁故事

骆秉章留任京官十余载，在地方担任封疆大吏长达十七年——抚湘十载，督川七年，其间兴利除弊、治吏济民、克己奉公、脂膏不润，被誉为“晚清第一清官”，和曾国藩、胡林翼、左宗棠、李鸿章、沈葆桢等人并称“晚清八大名臣”。在他曾任职的四川，当地百姓对他拥戴至深，将他与汉代的诸葛亮、唐代的韦皋并称。

“治民以察吏为先”是骆秉章坚定不移的为官理念，而要察吏的话，己身先得正。任职期间，他始终奉公守法，以廉守身，绝不以权谋私，坚拒贿赂。1840年，骆秉章受命稽查户部银库，上任之初却被告知“四两平”的潜规则，即清点入库银两时每一百两便多收四两，分归库丁、库管及查库御史平分。对此，他严词拒收这份所谓的“辛苦钱”，到任后更是彻查陋规，严把银库。即使是恩师想在交税上偷减银两，也碰了一鼻子灰。此外，不少银号为牟利还多次尝试贿赂骆秉章，通通都吃了闭门羹。

“吏治不修，则乱源不塞。”主政湘川时，骆秉章极其重视吏治问题，认为清吏治、肃贪腐，才是地方治理之根本。在湖南，他通过建立漕运新制、整治地方厘金征收、从士绅中聘任专员等，多措并举地整顿“漕粮陋规”和税款积欠问题；在四川，他严厉惩处才不胜任的贪官恶吏，设“缿筒”（即接收检举文书的器具）听取真实反映，大力肃清了官场不正之风。同时，骆秉章还深知“治兵以选将为要”的道理，知人善用，积极为朝廷举荐清正廉明、忠君爱国的良才贤能，一时间“名臣良将布满天下”。

纵观骆秉章的宦海生涯，几经沉浮而廉洁之心从未动摇，“推诚以待贤俊，亮直以事朝廷”，惩贪以利百姓。骆秉章离世后，家中仅余“布帐一，银百两，破笥二而已”，且“家无田屋以处子孙”。骆氏后人扶柩返粤途中，湘川百姓皆夹岸罗拜，无不为之哀悼痛哭。而后，湘川粤三地均为骆秉章建立了家庙、宗祠，以供瞻仰，后世亦得以知其人、晓其事、学其廉。

位于广州花都华岭村的光禄大夫家庙

人物品评

先生抚湘前后十载，德政既不胜书，武节亦非所短。事均有迹，可按而知。而其遗之尤，溥无如剔漕弊，罢大钱两事。

——（清）左宗棠

台馆饫清谈，一生学行惟虚己；

疆圻资硕画，盖世勋名不爱钱。

——（清）何绍基

文潞国位业相同，仰七省声威，佑我湘江犹再造；

武乡侯经纶未竟，痛三朝元老，如公岭海更何人。

——（清）蒋益澧

丁日昌：
廉正明干的洋务先驱

人物小传

丁日昌（1823—1882），字禹生，又作雨生，号持静、东海老农，广东丰顺（今梅州市丰顺县）人，未发迹时及晚年寓居揭阳榕城。道光二十二年（1842）秀才，历任广东琼州府儒学训导，江西万安、庐陵县令，两淮盐运使，江苏布政使，江苏巡抚，福州船政大臣，福建巡抚，总督衔会办海防、节制沿海水师兼总理各国事务衙门大臣（未到职）。著有《丁禹生政书》《抚吴公牍》。

廉洁故事

生逢家国危难之际，客家先贤丁日昌廉正明干，尽心竭力地发展实业与国防、整顿吏治、开发台湾、保护侨胞，为中国近代化做出了重大贡献。他是清末爱国革新政治家，洋务运动主将，“客家八贤”之一。上海《申报》曾载文称其治吴“如诸葛武侯之治蜀”，为“当今之伟人也”。

十年游幕，“半耕桑麻半桃李”的生活让丁日昌对民间疾苦和吏治腐败深有所知。面对贪污腐败、人浮于事的官场乱象，他在守正持廉的同时，还着眼于吏治。他认为“吏治又为民心根本”，主张“为政须去其害马”，采取了许多有针对性的措施：一方面通令免除了下属官员例行给藩司贺节、贺寿的烦文缛礼，避免以官营私；另一方面严格选择考核官员，惩治贪官污吏，“裁去冗员，汰除冗役”。丁日昌在任期间，清理积案27万宗，改善了吏治。

丁日昌格外重视对基层州县官员的督饬训导，他说：“国家设官分职，皆以为民，而与民最亲，莫如州县，得其人则治，失其人则乱。自古为然，于今尤急。”因此，他不仅建立“粉牌”“词讼月报”若干规章制度，用以“察各州县之存心，考各州县之勤惰”，还要求各州县官员认真学习官吏从政的百科全书《牧令全书》。同时，他还会派人暗访考察江苏省各州县官员的勤惰优劣及吏治状况，然后再通过公文批牍、信函、谈话等方式批评劝诫未尽职责的下属官员，做到赏罚分明。

“官须守正做来，苟事事瞻顾因循，纵免刑章终造孽；民欲持平待去，看个个流离颠沛，忍将膏血入私囊。”江苏巡抚衙府朱门大柱前的一副对联体现了丁日昌节俭抑贪的为官理念。

并且，他坚持用实际行动去践行这一理念，从不奢靡受贿，勤俭节约。即使晚年生活清廉贫苦，他也仍然将朝廷拨赐的银两分给百姓，更是直言：“银两本系民财，仍应归之民用。”

丁日昌心系百姓，勤政为民，百姓自然也将他牢记于心。放眼今昔，丁日昌的印记在揭阳市榕城区随处可见，丁日昌墓、丁氏光禄公祠、丁日昌纪念馆等常有人专程前往，而他勤政廉政的功绩和思想也随之流传，成为中华民族宝贵的精神财富之一。

人物品评

雨生办理盐务，无弊不剔，……自扬州来者，均言雨生操守甚好。

——（清）曾国藩

弟与雨生共事最久，洋务、吏治精能罕匹，足以干济时艰。

——（清）李鸿章

吏治精敏，综核名实，为近日督抚之冠……虚怀纳谏，能受尽言，尤不可及……中丞非仅以才胜，其器量亦非时流所及也。

——（清）欧阳兆熊

丁氏光禄公祠建于清同治至光绪初年，规模宏大，集祭祀、起居、藏书、教育功能于一体，占地面积6100平方米

郑观应：以廉行事的洋务先驱

人物小传

郑观应（1842—1922），原名官应，字正翔，号陶斋，别号杞忧生、慕雍山人等，晚年自号罗浮偫鹤山人，广东香山（今中山市）人。咸丰八年（1858）到上海学商，先后在英商宝顺洋行、太古轮船公司任买办。历任上海电报局总办，轮船招商局帮办、总办、会办等职。著有《盛世危言》《易言》。

廉洁故事

广府名人郑观应，作为近代中国著名“红顶商人”之一，始终将国家与民族大义置为首位。从弃科举习商贾，到弃商从政，他一路发愤图强，于经济、政治、军事、教育、文化、外交等领域均有所建树。郑观应是近代中国洋务新政的重要实践者、见证者，是晚清时期继民族英雄林则徐“睁眼看世界”后“全面看世界的第一人”，也是中国现代化运动思想的代表和先驱。

在内忧外患、列强称霸的动荡时期，立志救国的郑观应关心时局，将发展的目光落在了商界，认为“商战重于兵战”。因此，他早年经商，在商海中摸爬滚打二十余年，从基础事务一步步做到总买办，而后又凭借出色的商业才华，带领民族工商业在近代有了突破性的发展，还积极呼吁国人“欲攘外，亟须自强；欲自强，必先致富；欲致富，必首在振工商”。

此外，他花一生心血撰写了《盛世危言》，以富强救国为核心，主张设议院、习商战、兴学校，对国家上下内外诸多方面提出了具有可行性的改革方案，对于启发民智有重要作用。蔡元培推崇其“以西制为质，而集古籍及近世利病发挥之。时之言变法者，条目略具矣”。时人也称他所著的《盛世危言》为“医国之灵枢金匮”，康有为、梁启超、孙中山、毛泽东等能人志士皆受其启发。

“积金玉以遗子孙，子孙未必能宁；积诗书以遗子孙，子孙未必能读。不如积德以遗子孙。”在教诲子孙方面，郑观应则将善良博爱、济弱扶贫的廉洁品格，结合平生经历心得，通过家书、诗歌、散文、匾额等多种形式遗泽后人，培育了以“勤、学、廉、善”为核心的优良家风。他所写的家训诗《训子》《训长男润林书》中都提到勤俭才能成就事业。

如今，郑观应的家训内核：不贪富贵，以廉行事；德行为上，慈善为怀；勤俭朴素，吃苦耐劳；喜读诗书，发奋上进；胸怀天下，忠贞报国，已经成为郑氏后人的精神指引，也激励着吾辈青年继续为振兴中华而发奋图强。

郑观应像

◆ 人物品评 ◆

上而以此辅世，可为良药之方；下而以此储才，可作金针之度。

——（清）张之洞

我当时非常喜欢这本书，作者（郑观应）是个老的改良主义者，认为中国之所以弱，在于缺乏西洋的器械——铁路、电话、电报、轮船，所以想把这些东西引进中国。

——周恩来

黄遵宪：忠廉爱国的开风气者

人物小传

黄遵宪（1848—1905），字公度，别号“人境庐主人”，广东嘉应（今梅州市）人。清光绪二年（1876）举人，曾任驻日、美、英、新加坡参赞、领事等职。戊戌变法期间署湖南按察使，协助巡抚陈宝箴推行新政。著有《人境庐诗草》《日本国志》《日本杂事诗》等，后人编有《黄遵宪集》。

廉洁故事

谈到黄遵宪，人们首先想到的往往是他所写的诗，他不仅是“近世诗界三杰”之冠、晚清“诗界革新导师”，还是近代大有作为的外交家与维新改革思想家，被誉为“近代中国走向世界第一人”。

他深忧国家命运，于内投身维新变法、开时务学堂、创立学会、办报宣传；于外学习西方经验、保护华侨，是“梅州八贤”之一。

驻日期间，黄遵宪希望借由日本变革的得失经验，提出中国改革的主张，他深入了解日本国情，撰写了《日本国志》，为后来的维新变法做了舆论准备。得知《马关条约》签订后，他感到十分悲痛，回国后积极投身维新变法运动的行列。他一边在南学会发表演讲，结合自身海外生活的经历，以国际视野讲述维新主张，一边创办《时务报》《湘报》等报刊并介绍西方新的自然科学知识和社会科学知识，宣传变法救亡主张，致力于启发民智。

黄遵宪坚信“滔滔江水日趋东，万法从新要大同”的革新之道。在湖南，他同维新志士一起推行政治、经济、文化、教育等方面的变革。他参酌东西各国制度，提倡“分官权于民”，改革封建官制，建立地方议会制度，创立湖南保卫局。同时，他倡议建设学校，筹办水利，兴振实业，力谋中国“可以成共和之郅治，臻大同之盛轨”。

国弱则民弱，当时华侨在国外的基本正当权益，甚至生命财产安全都得不到保障。黄遵宪任外国领事时，便格外注重保护华侨工作：美国当局借故逮捕大批华侨入狱，他积极交涉，将被关华侨救出；华侨回国没有明文保护，他多次向清廷力争颁布保护归国华侨的规定；他首创为华侨颁发护照的制度，使华工来往中美两国有法可依。美洲华侨领袖司徒美堂称赞黄遵宪为“历来驻美外交官中唯一能做保护华侨工作之人”。

“寸寸山河寸寸金，侉离分裂力谁任。”国家危难之际，黄遵宪一言一行无不透露着忠廉大义的精神品性。他勇挑时代重担，关心民族命运，终其一生致力于国家的富强统一。

黄遵宪塑像

人物品评

公度之诗乎，亦如磊砢千丈松，郁郁青葱，荫岩竦壑，千岁不死。

——（清）康有为

古有以一人之用舍系一国之兴亡者，观于先生，其信之也。

——（清）梁启超

驰域外之观，写心上之语，才思横逸，风格浑转，出其余枝，乃近大家，此之谓天下健者。

——（清）陈三立

邓世昌：
热血忠魂的民族英雄

人物小传

邓世昌（1849—1894），原名永昌，字正卿，广东番禺（今广州市海珠区）人。清同治六年（1867）考入福建船政学堂。后历任“海东云”“振威”“镇南”“扬威”等舰管带。光绪十三年（1887）被派赴英、德接收“致远”“靖远”“经远”“来远”四舰。光绪十七年（1891），李鸿章检阅北洋海军。光绪帝以邓世昌训练得力，奏准赏赐“葛尔萨巴图鲁”匾。邓世昌在甲午黄海大东沟海战中壮烈牺牲。

廉洁故事

无数民族英雄的前仆后继、英勇献身换来了中华民族之复兴崛起，而这英雄谱上，邓世昌的名字广为人知。他少年时立志报国，投身海军，参加过大大小小的海战，在黄海战役中誓不让敌，视死如归，自沉黄海。光绪帝得知后垂泪撰联“此日漫挥天下泪，有公足壮海军威”。山东威海百姓亦感其忠烈，塑像建祠以铭记其功。

邓世昌少年时目睹西方列强军舰在中国海区横行，意识到国家要想强大就必须提高军备力量，自此下定决心保卫海疆。他进入船政学堂开始学习航海知识，踏出了海军教育的第一步。虽然入学较晚，但在刻苦学习下，各门功课考核皆列优等，“凡风涛、沙线、天文、地理、测量、电算、行阵诸法，暨中外交涉例文，靡不研究精通”。后来随“建威”练船到南洋实习时，他更是在实际驾驶、管理舰船方面表现突出，深得老师们的器重。此外，邓世昌还尝试通过考察西方海军情况，及学习研究外国先进的军事技术和经验方法，取其精华制定出适合我们国家的方法。

每每执行守备任务时，邓世昌都视死如归，坚决果断，用兵有方，从不退缩，展现出过人的应战能力。他常曰：“人谁不死，但愿死得其所尔。”黄海海战中，他指挥“致远”舰奋勇作战，在遭到日舰围攻且船身受创侧倾的情况下，鼓励全舰官兵："吾辈从军卫国，早置生死于度外，如今之事，有死而已！"而后毅然驾舰全速撞向日舰"吉野"号，决意与敌同归于尽。这英勇无畏的气概抑制了日军的嚣张气焰，日舰官兵见状大惊失色，集中炮火击向"致远"舰。"致远"舰不幸被一发炮弹击沉，邓世昌也坠身入海，其随从抛下救生圈相救，他见200多名官兵都已殒命，便执意拒绝，最终同舰体一同沉入深海，献出了宝贵的生命。

无论何时听闻邓世昌的英勇事迹，人们都不禁心生敬佩之情。如今一百多年过去了，我国的海军力量远超当年，足以卫疆护国，但邓世昌英勇就义前那掷地有声的高喊，仍然在历史长河中回响！

邓氏宗祠

人物品评

此日漫挥天下泪，有公足壮海军威。

——（清）光绪帝

邓世昌首先冲阵，攻毁敌船，被溺后遇救出水，自以阖船俱没，义不独生，仍复奋掷自沉，忠勇性成，一时称叹，殊功奇烈，尤与寻常死事不同。

——（清）李鸿章

临战以忠义相激励，死状尤烈，与左宝贵并称双忠。

——《清史稿》

梁启超：
勤俭修身的启蒙先驱

人物小传

梁启超（1873—1929），字卓如，一字任甫，号任公，又号饮冰室主人、饮冰子、哀时客、自由斋主人，广东新会（今江门市新会区）人。清光绪十五年（1889）举人，光绪二十一年（1895）赴京参加会试，追随康有为发动公车上书，鼓动变法。光绪二十四年（1898），入京随康有为参与百日维新。变法失败后，流亡日本。1913年回国，任袁世凯政府司法总长。后反对复辟帝制，参加护国运动，一度出任段祺瑞内阁财政总长。有《饮冰室合集》。

廉洁故事

“饮冰十年，难凉热血。”作为戊戌变法领袖之一，中国近代维新派，梁启超学识渊博、知行合一，一生都在为实现国强国富而奋斗，积极在政治、教育、学术和文化思想领域宣扬维新思想，力图以改良救国、启发民智，成就斐然。

光绪年间，国家正处于内忧外患的窘境，对此，梁启超毅然放弃由学入仕、平步青云的机会，转而踏上了一条救国救民的坎坷之路。从学海堂到万木草堂，他跨出两耳不闻窗外事的旧藩篱，走进社会，了解天下大势，直面民族危难。1890年秋，梁启超通过好友结识康有为，被康有为强调“逆乎常纬”、独辟新路的学说所折服，遂拜康有为为师。此后，他便一直协助康有为著书立说，办报宣传变法主张，为维新变法营造舆论环境。

当时，清廷与日本侵略者签订《马关条约》的消息一经传出，便引来了群情激愤。梁启超追随康有为随即发动了著名的公车上书，“鼓动各省，并先鼓动粤中公车，上折拒和议”，共邀集1000余名举人联名上书清廷，要求拒和、迁都、实行变法，提出了“下诏鼓天下之气，迁都定天下之本，练兵强天下之势，变法成天下之治”的改革纲领。此外，梁启超还先后领导创办《万国公报》《时务报》，并撰写《变法通议》等论著，系统地阐述维新变法理论，宣扬学习西方的政治、经济和文化教育制度，主张实行君主立宪制。

戊戌政变后，梁启超逃亡日本，在日本创办《清议报》《新民丛报》，宣传改良主义，鼓吹民权，主张君主立宪，与革命派展开辩论。1913年梁启超归国，仍然在政坛上活跃，直到晚年才逐渐将精力转向教育、文化领域。他的学术著作涉猎诸多学科，留下了数量浩繁的文章，对研究中国思想文化史起了重要作用，其思想理念也对当时及后世产生了深远的影响。

在子女教育方面，梁启超最为重视培养子女

梁启超故居

的忧患意识，时刻教导孩子们要在忧患和挫折中成长，以此磨练意志，砥砺人格。1916年，梁启超与蔡锷策划反对袁世凯的“护国运动”时，内心非常清楚有可能失败，从而使家庭陷入困顿。但他认为这未必不是一件好事，对长女梁思顺说：“吾家十数代清白寒素，此乃最足以自豪者，安能逐腥膻而丧吾所守耶？”

人物品评

惊心动魄，一字千金，人人笔下所无，却为人人意中所有，虽铁石人亦应感动。从古至今，文字之力之大，无过于此者矣。

——黄遵宪

一纸风云，海内视听为之一耸。

——严复

二十年前的青少年——换句话说：就是当时的有产阶级的子弟——无论是赞成或反对，可以说没有一个没有受过他的思想或文字的洗礼的。他是资产阶级革命时代的有力的代言者，他的功绩实不在章太炎辈之下。

——郭沫若

叁

红廉风采

苏兆征：
恪尽职守的工人领袖

人物小传

苏兆征（1885—1929），原名苏吉，广东香山淇澳岛（今属珠海市）人。1908年加入孙中山领导的同盟会，积极参加推翻清政府的革命活动。1922年参与领导香港海员大罢工。1925年加入中国共产党，同年参与领导省港大罢工。曾任中华全国总工会执委会委员长，中共中央政治局候补委员、中共中央政治局常委，广州苏维埃政府主席，赤色职工国际、共产国际执委会委员，农村工会国际执委会副委员长等职。后人编有《苏兆征文集》。

廉洁故事

虽然只上过三年私塾，但长期的海员生涯使

苏兆征得以“睁眼看世界”，接触新思想，而这也为他后来加入中国共产党，领导多次工人运动，掌管财务游刃有余埋下伏笔。苏兆征是著名的工运领袖，同时也是中国共产党早期重要领导人之一，领导建立了中华全国总工会。2009年，苏兆征被中央宣传部等11个部门评为“100位为新中国成立作出突出贡献的英雄模范人物”。

每次领导工人罢工运动时，除了负责主持全面工作以外，苏兆征都会亲自掌管财务，从而保障罢

苏兆征故居陈列馆

工期间工人们的生活和各项工作得以有序开展。香港海员大罢工发动时，资金不足，他便和其他罢工领导人四处奔波，积极募捐。得到广泛支援后，他便要求将筹措来的每一笔钱款都详细登记造册，确保账目分明。关于罢工经费开支，他则注意精打细算，严禁浪费挪用，还定期在海员代表大会上报告收支情况，并造表册，方便大家监督。省港大罢工爆发后，他不仅立即着手组建有关机构，建立健全制度，配备廉洁奉公的罢工工人负责财政工作，还要求及时核清罢工期间的每个财政收支项目，将其造表成册，定期向罢工工人代表大会报告，并印成特刊，发到罢工工人宿舍接受监督和检查。

面对别有用心之人的东园纵火与造谣，苏兆征身正不怕影子斜，得知后冷静查处，镇定勉励众人："真理和正义在外面手中。东园的火，只能烧毁我们的一些物资，但不能烧毁我们的斗志。经受斗争磨炼的罢工工友是完全经得起考验的。"最后，经审查财政损失委员会清查，证明所有账目"均属毫无差错"。自此，罢工工人把苏兆征视为完全可以信赖的管家人，称赞他和邓中夏是"指引我们罢工工人向帝国主义番鬼佬作斗争的两盏明灯"。

"管理财务工作有三个法宝，能够善于运用

这三个法宝，任何复杂的工作、任何困难的财务，就都能管好。所谓三个法宝，就是公平、廉洁与严肃。”正是因为苏兆征秉公廉肃的主持管理，工人运动各项工作方可进展顺利，党中央的经费管理才能一丝不苟。

人物品评

苏兆征是香港与广东劳动群众的领袖，他是全中国工人阶级的领袖，他是太平洋沿岸职工运动的领袖之一，他是中国共产党的最好领袖之一，他是赤色职工国际和共产国际的领袖之一。

——邓中夏

苏兆征同志在工作中，充分表现了无产阶级的艰苦卓绝精神和坚决的政治意识，他的革命精神，是全党的模范。

——1927年2月中共中央政治局向全党发出悼念苏兆征的通告

杨殷：“金弹”摧不垮的工运领袖

人物小传

杨殷（1892—1929），又名典乐、夔礼，字孟揆，化名吕云峰，广东香山县（今中山市）人。1911年加入孙中山领导的同盟会。1922年秋加入中国共产党。1923年回国后在广东从事工人运动，参与领导省港工人罢工。历任中共广东省委常委兼工委书记、中共中央政治局常委、中共中央军事部部长、中共中央军委主任等职。

廉洁故事

工人们称他为“殷哥”“殷叔”，战友说他是“党内卢俊义”，他是一心一意为工人，誓死不二永跟党的工运领袖——杨殷。杨殷正气凛然，既有胆识，又善谋略，为工人和党干了许多实事，深受工人拥戴，颇为党组织重视，和彭湃并称“工农两巨星”。2009年，杨殷被评选为“100位为新中国成立作出突出贡献的英雄模范人物”之一。

从事工人运动期间，杨殷时常深入工人群体，了解工人疾苦，为工人争取利益奔走四方。1924年，上海南洋兄弟烟草公司内爆发大罢工，杨殷一行九人代表团赴沪进行调查和调解。公司老板闻风，忌惮杨殷，便先后使用生意场上惯用的伎俩——“金弹”进攻计、离间计，有些代表不经诱惑，受贿怯退。但是，杨殷依然立场坚定，拒绝贿赂，坚持奔走在贫苦失业工人的行列中，深入了解他们的疾苦。见状，资本家甚至不惜采用硬攻的卑鄙手段——收买亡命之徒密谋杀害杨殷，虽没成功，但激起了群愤，此次罢工运动最终以胜利告终。

自从投身革命后，杨殷便专心致志为党工作，全身心投入党和国家的革命事业。那时党的活动经费异常短缺，杨殷毅然变卖了楼房田产及珠宝首饰，以此帮助党解决资金困难。他平时在家里粗茶淡饭，从不多花钱，还时常教导子女要朴素节俭、自食其力，将省下的钱款全部捐给了组织。此外，他对待党内同志也十分热情仗义，会尽量想办法帮助有困难的同志解决问题，大家多次称赞他“富有正义感而又有胆量”“杨殷同志很有办法！”。

在不幸被捕入狱后，反动派对杨殷先以高官厚禄利诱，继而又采取威迫手段。而杨殷始终不为财利所诱，不受压迫折腰，斩钉截铁地对敌人说：“收起你们那一套吧，我是绝对不会投降的。你们有你们的信仰。我有我的理想信念。我只信仰共产主义！严冬过后是春天。我坚信中国革命事业一定会胜利。”在狱中，杨殷不仅没有透露党的任何机密，反而还积极宣传党的主张。愁苦惨淡的监狱，一时间变为激昂慷慨的沙场。

“朝闻道，夕死可矣。”哪怕临刑前，杨殷也依旧态度从容、慷慨自若。斯人已逝，英灵永存，杨殷用生命捍卫信仰，为我国的革命事业立下不朽功勋，他秉公任直、廉洁正义的品格将永远被铭记史册，令人景仰。

人物品评

杨殷同志曾笑说：“朝闻道，夕死可矣。”他们对于自己爱人的遗嘱，都是勉其为党努力。

——周恩来

杨殷故居

杨殷同志是中国历史上最有名的广东省港大罢工的领导者，是广东铁路工人的领袖，是中国共产党中央委员。他曾亲身参加广州暴动，为人民委员会委员之一，担任肃清反革命委员会主席，并曾亲身指挥赤卫队与顽强敌人作战，直战至暴动的第三天，尽了最后的努力。

——1929年9月中共中央《以群众的革命斗争回答反革命的屠杀》

叶挺：清廉律己的一代名将

人物小传

叶挺（1896—1946），原名为询，字希夷，广东归善（今惠州市惠阳区）人。1924年加入中国共产党。历任国民革命军第四军参谋处处长、第四军独立团团长、第四军第二十五师副师长、第十一军第二十四师师长、工农红军总司令、新四军军长、华中新四军八路军总指挥部总指挥等职。

廉洁故事

被誉为“北伐名将”的叶挺为人清廉正直，戎马一生只为中华民族之伟大复兴，领导新旧四军征战沙场，立下解放人民的汗马功劳。他是中国人民解放军的创始人之一，创造了人民队伍，被中央军委冠以“中国人民解放军军事家”的称号。新中国成立60周年之际，他被评为“100位为新中国成立作出突出贡献的英雄模范人物”之一。

在军事领域，叶挺的丰功伟绩数不胜数，桩桩件件尽显革命雄风。1925年，第四军独立团在肇庆市阅江楼前成立，这是中国共产党直接领导的第一支正规武装，被称为人民军队的先驱。而后北伐战争爆发，叶挺身为团长，率部勇担先锋破敌之重任，长驱直进，所向披靡，打得敌人节节败退。此役过后，叶挺成为一代名将，国民革命军第四军也赢得了“铁军”称号。抗战期间，叶挺更是率领新四军屡建奇功，驰名中外，毛泽东盛赞其“领导抗战，卓著勋劳”。

平素里，叶挺虽手握军权，但却从不挪动公款为己所用，生活作风简朴节俭，一日三餐粗茶淡饭。无论是宴请宾客，还是因为兴趣购买摄影器材，他都是自己掏钱，绝不倚公营私。遇到军队经费不足问题时，他和夫人李秀文不仅会想方设法筹款，还以身作则变卖家中的金银首饰，并动员父母无偿捐献多年经商所得的积蓄，以此帮助军队渡过难关。“我们拿得顶少，但我们愿抗得顶多。”正是因为叶挺从不搞特殊、不摆架子，始终把战士的安危和冷暖放在心上，坚定不移为人民幸福生活浴血奋战，所以才能真正走进战士、走进人民的心中。

“我渴望自由，但我深深地知道，人的躯体怎能从狗洞子里爬出！我希望有一天地下的烈火，将我连这活棺材一齐烧掉，我应该在烈火与鲜血中得到永生！”1941年，皖南事变中叶挺被国民党扣押。面对蒋介石的威逼利诱，他在重庆狱中写下了这首《囚歌》。时至今日，字里行间仍然迸发着超越生死的正义感。

叶挺独立团团部旧址纪念馆（阅江楼）

◆ 人物品评 ◆

共产党的第一任总司令，人民军队的战史要从你写起。

——毛泽东

希夷！你是人民队伍的创造者，北伐抗战，你为新旧四军立下了解放人民的汗马功劳。十年流亡，五年牢监，虽苍白了你的头发，但更坚强了你的意志。

——周恩来

彭湃：
焚田契闹革命的“农运大王”

人物小传

彭湃（1896—1929），又名天泉、汉育，广东海丰人。1921年加入中国社会主义青年团，1924年初转入中国共产党。1927年先后领导南昌起义和海陆丰农民武装起义。曾任广州农民运动讲习所第一届、第五届主任，中共广东区委委员，中华全国农协临时执行委员会委员，中共中央政治局委员等职。著有《海丰农民运动》《彭湃文集》。

廉洁故事

“谁不知广东有彭湃，谁不知彭湃是中国农民运动的领袖，土地革命的忠实领导者。”身为中国无产阶级革命家，彭湃以高风亮节、清正廉明的赤忱丹心，在革命年代体恤劳苦大众，敢牺牲愿奉献，栉风沐雨、砥砺前行，无愧为“100位为新中国成立作出突出贡献的英雄模范人物”之一。毛泽东誉之为“农民运动大王”。

彭湃始终站在为农民利益奋斗的前线，为革命事业无私奉献着。虽然自小在大地主家庭中生活，但彭湃却没有半点似吊儿郎当的“公子哥”，反而十分关心农村凋敝、农民贫苦的现实，对于地主鱼肉百姓、官僚霸道横行的社会现象嗤之以鼻。为示反抗，他毅然决然地选择脱下西装，穿上布衣，烧田契、分田产，加入农民群众的行列，从事农民革命活动，赢得了广大贫苦农民的衷心拥戴，被海陆丰人民奉为“彭菩萨”。

必须进行社会革命，破坏私有财产制度，实现社会主义，这是彭湃一生的理想誓言。开展农民运动时，彭湃创立了海陆丰苏维埃政权，并提出四个“图”：图农民生活之改造、图农业之发展、图农民之自治、图农民教育之普及，以此作为农民运动总纲。他团结海丰县全县农民进行减租斗争、创办农校、成立仲裁部……一举一措均从农民的根本利益出发，一切为了人民。毛泽东赞扬道：“全中国各地都必须办到海丰这个样子，才可以算得革命的胜利，不然任便怎么样都算不得。”

但由于叛徒白鑫的出卖，彭湃不幸被国民党逮捕，在狱中受尽严刑拷打，几番濒死，而他却仍旧不屈不挠，坚决不背叛革命。面对酷刑和威胁，他丝毫不惧，直言：“只要我还有一口气，我就要为共产主义事业奋斗到底！”英勇就义时，彭湃年仅33岁。

“为了我们的子子孙孙争得幸福的生活，就是献出了自己的生命也是在所不惜的。”受彭湃敢为人先，鞠躬尽瘁，无私为民的精神感召，无数海丰儿女纷纷投身革命斗争事业，在为中华民族伟大复

彭湃烈士像

兴而奋斗的道路上前赴后继，死而后已。

◆ 人物品评 ◆

彭湃同志是中国农民运动第一个战士。

——瞿秋白

他这样的革命斗争历史早已深入全国广大工农劳苦群众心中，而成为广大群众最爱护的领袖。谁不知广东有彭湃，谁不知彭湃是中国农民运动的领袖！

——1929年8月31日中共中央《告全国人民书》

杨匏安：
清风傲骨的革命先驱

人物小传

杨匏安（1896—1931），原名锦焘，笔名匏安，广东香山县北山村（今属珠海市）人。1921年加入中国共产党。1925年参与领导省港大罢工。1927年参加中共五大和八七会议，当选为中共第五届中央监察委员。1929年回到上海在中共中央机关工作，并参加编辑党的刊物。曾任中共中央委员、中共中央监察委员会副主席等职。后人编有《杨匏安文集》。

廉洁故事

位居高位时两袖清风，身处逆境时贫贱不移，杨匏安一生清风傲骨，严于律己，廉洁奉公，严树家风，不遗余力地为党和人民的事业做出贡献。他是华南地区系统传播马克思主义第一人，也是公认的中国最早传播马克思主义的先驱之一，与北方的李大钊并称为“北李南杨”。周恩来称赞杨匏安“为官清廉，一丝不苟，称得上是模范”。

青年时期的杨匏安便立志做一个抱负不凡、高风亮节之人。初次任教时，对工作满怀热情的他偶然间得知远亲校长贪赃枉法一事，他不仅没有置若罔闻，还为此气愤不已，毅然决然选择和同事揭发此事，最后反被世故圆滑的校长诬陷入狱。经此冤狱，他接触到了当时社会的黑暗面，内心更加坚定了追求光明的信念。求学归国后，在广州市警察局任职的同乡欣赏他的才华，请他去当秘书，他因不愿意同流合污，断然拒绝了这份“肥差”，还以诗明志，表达自己“誓不为五斗米折腰”的心志。

杨匏安坚持克己奉公、任人唯贤，既不贪污受贿，也不徇私滥任。省港大罢工期间，杨匏安负责工会财务工作，从未出现挪用贪占行为。哪怕只是孩子们无意在存放罢工捐款的麻袋里捡到一枚只值一两毛钱的硬币，他发现后都会马上严肃教育道：“这是公家的钱，一分一文都不能要。”身居高位后，许多亲朋好友上门求差，送来的礼金礼物都被杨匏安一概拒收，坚持“不能做贪小便宜、不干不净的事情”。在白色恐怖笼罩时期，杨匏安一家在上海的生活异常艰苦，贫病交加，但他从不向组织叫苦、伸手。杨匏安两袖清风的高尚品格，得到了党内同志们的敬佩与信任。

国民党发动反革命政变后，杨匏安成为被通缉的“共产党首要”之一。在此形势下，杨匏安坚定地说：“再苦再危险，我们也要革命到底。”不幸被捕时，敌人在他的家里竟只搜到几本共产主义著作和一副眼镜。面对敌人的利诱劝降、严刑威逼，杨匏安始终不为所动，宁死不屈，表达为革命献身的决心：“我从参加革命开始，早就把生死置之度

杨匏安塑像

外，死可以，变节不可。”狱中难友无不为杨匏安立场坚定、坚贞不屈的革命气节所感动。

“慷慨登车去，相期一节全。残生无可恋，大敌正当前。知止穷张俭，迟行笑褚渊。从兹分手别，相视莫潸然。”为了爱国理想，杨匏安宁可站着死，决不跪着生，用年轻的生命铸成了革命不朽的丰碑，是值得我们永远铭记的革命英雄！

人物品评

杨匏安为官清廉，一丝不苟，称得上是模范。

——周恩来

阮啸仙：
肃贪战线的“铁算盘”

人物小传

阮啸仙（1897—1935），原名熙朝，字建备，号瑞宗，别号晁曦，广东河源人。1921年加入中国共产党，先后担任社会主义青年团广东区委书记、广州农民运动讲习所第三届主任、中共广东区委监委委员、中共第六届中央审查委员会委员、中华苏维埃共和国中央政府审计委员会主任等职务。著有《中国农民运动》。

廉洁故事

1908年，河源义合镇上的一位少年在墨砚上刻下“挥笔落下如云烟，意志坚强可敌天”的豪言壮志，尔后，他携凌云之志毕生奋斗，领农民运动发韧、开红色审计先河。他，便是广东地区青年运动的先驱者、中共早期农民运动的重要领导者、人民审计制度的奠基人——阮啸仙。2009年，阮啸仙被中宣部、中组部等11个部门评为“100位为新中国成立作出突出贡献的英雄模范人物”之一。

学生时代，阮啸仙便展现出高度的领导组织能力和纪律建设意识。1922年，在广东省立甲种工业学校读书的阮啸仙，受陈独秀委托，负责管理广东青年团。他于接近两年半的时间内，大力整顿清除违反团的章程的挂名团员，保障了团组织的纪律性和纯洁性。毕业后，阮啸仙更是坚定地迈向工人运动与农民运动的道路，为千千万万劳苦大众发声，成为大革命时期与彭湃齐名的著名农民运动领袖。

“自古正人先正己，没有正气，难以除弊。”阮啸仙对自己、对身边人如是要求。他不仅在革命运动中刚正不阿，还将一身正气带到了审计战线上。阮啸仙到中央审计委员会上任后，雷厉风行地建章立制，一方面设定了“六不准原则”，且以身作则，确保工作纪律的贯彻落实；另一方面，主持制定了《中华苏维埃共和国中央政府执行委员会审计条例》，即“审计十九条”，将中央苏区的审计工作纳入依法审计的轨道。众人皆称赞他为审计战线上的一把“铁算盘”。

阮啸仙认为，“凡是贪污腐败分子，没有一个会甘愿承认的，只有严格审核，把握证据，才能逼使贪污分子缴械投降。”因此，他积极投身反腐倡廉工作，参与组织肃贪“突击队”和清腐“轻骑队”，在中央苏区掀起了一场看不见硝烟的审计风暴，严格惩办了杨其兹、谢开松等贪官污吏，为中华苏维埃共和国中央政府赢得了“空前廉洁政府”的美誉。

“阮啸仙，真过硬，审计肃贪是能人。群众见了笑哈哈，贪贼见了失了魂。”这是中共苏区民众

阮啸仙故居

所津津乐道的顺口溜，流传至今日，我们也依旧能够从寥寥数语中感悟到秉公执法、铁面无私、清正廉明的啸仙精神。啸仙如此，吾辈亦应如此。

人物品评

环顾同志中，阮贺足称贤。
阮誉传岭表，贺名播幽燕。
审计呕心血，主政见威严。
哀哉同突围，独我得生全。

——陈毅

罗登贤：
清正廉义的“反帝战士”

人物小传

罗登贤（1905—1933），原名罗举，广东南海（今佛山市禅城区）人。1925年加入中国共产党，同年参加并领导省港大罢工。1927年参加广州起义。曾任中共广东省委书记、中共中央南方局书记、全国总工会常委会负责人等职。

廉洁故事

民族英雄罗登贤，从普通工人到工运领袖，再到中国共产党的早期领导人、革命家，他一生清正廉明，投身于滚滚革命洪流中，参与领导过省港大罢工等多次工人运动，组织创建了东北抗日武装，为民族解放作出了巨大贡献。宋庆龄评价罗登贤等同志为“中国的反帝战士”，是“中国人民应该为之骄傲的典型”。

因家庭缘故，罗登贤11岁便到香港当学徒打工，目睹亲历了资本家对工人的无理欺压，对此愤慨不平，遂先后发动香港工人成立太古船厂工会、香港金属业工会，维护工人正当权益。加入中国共产党后，他积极开展工人运动，参加领导了省港大罢工，成立了省港罢工委员会，以此声援上海人民的反帝战争。此外，他还在《中国工人》杂志卷首语中，揭发国民党反动派杀害中国工人、封闭工会和镇压工人运动的罪行，号召全国无产者团结起来，推翻军阀的反动统治，建立工农苏维埃政权。

工人出身的罗登贤虽然文化程度不高，但是学习能力非常强，领导才能出类拔萃。革命时期的东北各地风起云涌、局势紧张，罗登贤为人胸怀大局，且善于审时度势，不仅积极支援自发抗日的东北义勇军，还领导中共满洲省委坚持从东北的实际出发，集中组织力量打击日本侵略者，一方面在城市中进行反日宣传和发动罢工斗争，另一方面把主要精力放在农村，组织发动东北人民开展反日游击战争，为中国东北的武装抗日斗争揭开了一个崭新的篇章。

十多年的革命生涯，罗登贤数次遭到敌人逮捕入狱，但他受尽酷刑威逼也从不屈服，出狱后继续不顾个人安危，全身心地投入革命。他坚毅冷静、不屈不挠的革命精神和作风，让党内的许多干部深感敬佩，见贤思齐。1933年，因叛徒出卖，罗登贤又一次被敌人逮捕，英勇就义前的凛然一句“我个人死不足惜，全国人民未解放，责任未了，才是千古遗憾！”触动人心。

罗登贤塑像

人物品评

（罗登贤）献身革命的精神，是我们每一个革命者的光荣的模范。

——1934年6月26日《红色中华》杂志《纪念罗登贤同志》专文

邓发：
无私奉公的工人革命家

人物小传

邓发（1906—1946），原名邓元钊，广东云浮人。1922年参加香港海员大罢工。1925年加入中国共产党，同年参加省港大罢工。1927年参加广州起义。历任中共香港市委书记、广州市委书记、广东省委组织部长、闽粤赣边特委书记、中华苏维埃共和国中央执行委员兼政治保卫局局长、中共驻新疆代表、中共中央党校校长、中央委员等职。

廉洁故事

“我这一辈子从来没有遇到过像他那样的中国人。”这个让国际友人斯诺意想不到的中国无产阶级革命家便是邓发。邓发为工人阶级的解放事业奋斗终生。不论是革命斗争、政治工作，还是后勤保障，邓发都事无巨细，事必躬亲，平易近人，稳重机智，被周恩来称为“工人队伍里培养出来的领袖”。

多次参与工人运动的经历，让邓发与广大工人群众建立起深厚情感，也逐步懂得革命的道理，由此坚定了解放工人阶级的志向。经过长期革命斗争的考验后，他的革命经验日益丰富。北伐期间，邓发协助陈延年等人组织了宣传队、救护队和运输队，为北伐革命军提供了有力的后勤保障，是促成北伐战争获胜不可或缺的因素之一。在广州起义中，邓发领导起义军浴血奋战，但由于敌我力量悬殊，起义很快失败，面对敌人追捕，他镇定自若，与敌人斗智斗勇，在家人的配合帮助下，通过化装成病人、画“炭相”的人，顺利脱险。这一临危不乱的品质广为同志们称道。

邓发出色的革命表现得到了许多同志的认可与敬佩，他开始肩负起革命的领导工作。在中央苏区，邓发担任政治保卫局局长，成为“中国共产党秘密警察的头子”，他运用多年在白区、地下工作总结的经验，为我党隐蔽战线，让保卫局成为保护我党的铁拳，堪称“中国的捷尔任斯基”。全面抗战爆发后，邓发继陈云之后作为中国共产党驻新疆代表和八路军驻新疆办事处主任，在巩固和扩大抗日民族统一战线的同时，还倾力领导新疆航空队，为我国现代化空军和民航事业培养了大批骨干。

邓发后期一直肩负党的工人运动领导工作，直至遇难。新中国成立后，为纪念邓发光辉而短暂的一生，其故居被列为广东省级文物保护单位，同时建有革命烈士纪念馆、邓发小学和邓发纪念中学。

1945年，邓发赴法国参加27届世界职工代表大会在机场与儿子合影

人物品评

邓发！你是工人队伍里培养出来的领袖，最后，你为中国工人阶级联合战线同时也是为世界工人阶级联合战线，建立了光辉的成绩，但是这成就刚刚开始，你竟一去不返！为继续和发扬这一成就，我敢向你保证：我们要为中国和世界的职工联合运动的彻底成功而奋斗！

——周恩来《“四八”烈士永垂不朽》